BEI GRIN MACHT SICH IHR WISSEN BEZAHLT

AF141082

- Wir veröffentlichen Ihre Hausarbeit, Bachelor- und Masterarbeit

- Ihr eigenes eBook und Buch - weltweit in allen wichtigen Shops

- Verdienen Sie an jedem Verkauf

Jetzt bei www.GRIN.com hochladen und kostenlos publizieren

Bibliografische Information der Deutschen Nationalbibliothek:

Die Deutsche Bibliothek verzeichnet diese Publikation in der Deutschen National-bibliografie; detaillierte bibliografische Daten sind im Internet über http://dnb.d-nb.de/ abrufbar.

Impressum:

Copyright © 2017 GRIN Verlag, Open Publishing GmbH
Druck und Bindung: Books on Demand GmbH, Norderstedt Germany
ISBN: 9783668499966

Dieses Buch bei GRIN:

http://www.grin.com/de/e-book/372279/fitnessoekonomie-trainingslehre-2

Marius Groehl

Fitnessökonomie. Trainingslehre 2

Erstellung eines geeigneten Ausdauertrainingsplans mithilfe der Vita-Maxima-Testung

GRIN Verlag

GRIN - Your knowledge has value

Der GRIN Verlag publiziert seit 1998 wissenschaftliche Arbeiten von Studenten, Hochschullehrern und anderen Akademikern als eBook und gedrucktes Buch. Die Verlagswebsite www.grin.com ist die ideale Plattform zur Veröffentlichung von Hausarbeiten, Abschlussarbeiten, wissenschaftlichen Aufsätzen, Dissertationen und Fachbüchern.

Besuchen Sie uns im Internet:

http://www.grin.com/

http://www.facebook.com/grincom

http://www.twitter.com/grin_com

Deutsche Hochschule für

Prävention und Gesundheitsmanagement

Hermann Neuberger Sportschule 3

66123 Saarbrücken

Einsendeaufgabe

Fachmodul:	Trainingslehre 2
Studiengang:	Bachelor of Arts „Fitnessökonomie"
Datum Präsenzphase:	06.06.2017 – 08.06.2017
Name, Vorname:	Gröhl, Marius
Studienort:	Stuttgart
Semester:	SS 2016

Inhaltsverzeichnis

1 DIAGNOSE 3

1.1 Allgemeine und biometrische Daten 3

1.2 Leistungsdiagnostik/Ausdauertestung 5

    1.2.1 Begründung der Auswahl des Vita-Maxima-Tests 5

    1.2.2 Durchführung Vita-Maxima-Tests 6

    1.2.3 Bewertung der Testergebnisse 7

1.3 Gesundheits- und Leistungsstatus der Person 7

2 ZIELSETZUNG/PROGNOSE 8

3 TRAININGSPLANUNG MESOZYKLUS 9

3.1 Grobplanung Mesozyklus 9

3.2 Detailplanung Mesozyklus 9

3.3 Begründung zum Mesozyklus 12

    3.3.1 Begründung zum angestrebten wöchentlichen Belastungsumfang 12

    3.3.2 Begründung zu den ausgewählten Trainingsmethoden 12

    3.3.3 Begründung zur Belastungsprogression 14

    3.3.4 Begründung zu den angesteuerten Trainingsbereichen 14

    3.3.5 Begründung der ausgewählten Ausdauergeräte bzw. Bewegungsformen 15

4 LITERATURRECHERCHE 16

5 LITERATURVERZEICHNIS 19

6 ABBILDUNGS- UND TABELLENVERZEICHNIS 20

6.1 Abbildungsverzeichnis 20

6.2 Tabellenverzeichnis 20

1 Diagnose

1.1 Allgemeine und biometrische Daten

Bei einem Eingangsgespräch wurden alle wichtigen und relevanten Daten des Probanden, die im weiteren Verlauf der Trainingsplanung benötigt werden gesammelt. Die
Daten sind in der folgenden Tabelle aufgestellt.

Tabelle 1: Allgemeine Daten der Testperson

Alter:	23
Geschlecht:	männlich
Körpergröße:	1,80 m
Körpergewicht:	82 kg
Trainingsmotive:	Absolviert ein 6-monatiges Auslandssemester, muss daher mit dem Fußball pausieren und möchte in dieser Zeit Ausdauertraining betreiben um seine Ausdauer zu erhalten bzw. zu verbessern, Gewicht verlieren, seine Fitness aufrechterhalten.
Berufliche Tätigkeit:	Student (Wirtschaftsingenieurwesen)
Aktuelle sportliche Aktivität:	Spielt seit 10 Jahren Fußball, aktuelle fußballerische Aktivität: 2x/Woche Fußballtraining (90 min/Training) + 1x/Woche Spiel (90min),
Frühere sportliche Aktivität:	bis vor 3 Jahren zusätzlich zum Fußball 1x/Woche Rudern im Verein (keine Wettkämpfe)
Zeitlicher Verfügungsrahmen:	3-4x/Woche für max. 45-60 min/Einheit
Allgemeiner Gesundheitszustand (orthopädische und internistische Probleme, ärztliche Behandlungen, Einnahme von Medikamenten)	Proband hat keine körperlichen Einschränkungen, befindet sich nicht in ärztlicher Behandlung und muss keine Medikamente regelmäßig einnehmen.
Leistungsstufe:	Fortgeschrittener

Um den Kunden hinsichtlich seiner Trainierbarkeit besser einzuschätzen und eventuelle Risiken ausschließen zu können, wurden verschiedene Tests durchgeführt um die biometrischen Daten des Probanden zu ermitteln. Diese sind u.a. für die Auswahl des Testverfahrens sowie die weitere Trainingsplanung von Bedeutung. Die Ergebnisse können in der nachstehenden Tabelle eingesehen werden.

Tabelle 2: Biometrische Daten

Test	Testwerte	Normwerte	Auswertung
Blutdruck (mittels Blutdruckmessgerät)	113/75 mmHg	Normwerte nach WHO siehe Abb. 1	Der Blutdruck liegt im optimalen Bereich.
Ruhepuls (mittels Blutdruckmessgerät)	51 Schläge/min	Normwerte für Erwachsene laut (Weineck, 2003): 60-80 Schläge/ Minute, jedoch haben gut trainierte Sportler deutlich niedrigere Pulswerte.	Der Blutdruck liegt unter den Normwerten der WHO, was aber bei gut trainierten Sportlern normal ist.
Körperfettanteil in % (mittels Calipermessung)	19%	Normalbereich (20-39 Jahre) liegt bei 8-20% (Gallagher, et al., 2000)	Körperfettanteil liegt im Normalbereich, ist jedoch am oberen Ende anzusehen.
Body-Mass-Index (kg/m²)	25,30 kg/m²	Leichte Präadipositas, 25,0 – < 30 (WHO, Stand 2008)	Es liegt eine leichte Präadipositas vor.

Klassifikation	Systolisch (mmHg)	Diastolisch (mmHg)
Optimaler Blutdruck	< 120	< 80
Normaler Blutdruck	120-129	80-84
Hoch-normaler Blutdruck	130-139	85-90
Milde Hypertonie (Stufe 1)	140-159	90-99
Mittlere Hypertonie (Stufe 2)	160-179	100-109
Schwere Hypertonie (Stufe 3)	>= 180	>=110

Abbildung 1: Einteilung der Blutdruckwerte laut WHO (eigene Darstellung)

1.2 Leistungsdiagnostik/Ausdauertestung

Um eine Einschätzung hinsichtlich der Leistung des Kunden machen zu können, ist es erforderlich eine sogenannte Leistungsdiagnostik durchzuführen. Diese Leistungsdiagnostik erfolgt mittels eines ausgewählten Testverfahrens. Desweitern ist es wichtig einen geeigneten Test durchzuführen um im Anschluss des Trainingszykluses einen Re-Test zu absolvieren um einen „Vorher/Nachher" vergleich zu haben. Die Ausdauerleistungsfähigkeit bei Personen, wird mithilfe der Ergometrie gemessen. Dies bedeutet, eine quantitative Messung und die Beurteilung der körperlichen Leistungsfähigkeit sowie die Belastbarkeit von Gesunden und Kranken. Bei einem Test ist es wichtig, dass die Ergometrie mit einer definierten Belastung erfolgt und reproduzierbar, dosierbar, vergleichbar sowie objektiv ist (Löllgen, 2009, S. 4).

Für jedes Leistungsniveau gibt es verschieden Testverfahren. Für leistungsschwache, ältere Personen, übergewichtige sowie untrainierte Frauen ist der WHO-Test ein geeignetes Verfahren. Der Hollmann-Venrath-Test eignet sich eher für leistungsfähige Männer, trainierte ältere Personen und trainierte Frauen. Personen, die gut trainiert sind bzw. Leistungssport betreiben gibt es den Vita-Maxima-Test, den auch der Proband durchführt.

1.2.1 Begründung der Auswahl des Vita-Maxima-Tests

Der Vita-Maxima-Test wird zur Leistungsdiagnostik verwendet, da die Testperson bereits seit 10 Jahren aktiv Fußball spielt (Tab. 1) und dadurch einen guten Leistungsstand besitz. Dass der Kunde einen guten Leistungsstand besitzt, erkennt man u.a. auch an seinem Ruhepuls, der sogar unterhalb den Normalwerten liegt bzw. an seinem Blutdruck, der im optimalen Bereich liegt (siehe Tab.2). Desweitern hat der Proband die Motivation und den Willen an seine vollständige Ausbelastung zu gehen. Dieser Punkt spielt für diesen Test eine sehr wichtige Rolle. Der WHO-Test kommt für die Testperson überhaupt nicht in Frage, da dieser Test nur für leistungsschwache, ältere Personen, übergewichtige sowie untrainierte Frauen geeignet ist. Außerdem besteht die Gefahr bei der Wahl des H&V-Tests, dass er bei Erreichen der Pulsobergrenze (180-23= 157 S/min) noch nicht an seiner max. Auslastung angekommen ist.

1.2.2 Durchführung Vita-Maxima-Tests

In der kommenden Tabelle werden alle Testrelevanten Parameter sowie das Testprotokoll dargestellt. Die Herzfrequenzen werden zu jeder Minute angegeben.

Tabelle 3: Vita-Maxima-Test

Vita-Maxima-Test				
Testrelevante Parameter				
Geschlecht:	männlich	Eingangsbelastung:		50 Watt
Alter:	23 Jahre	Belastungssteigerung:		50 Watt
Gewicht:	82kg	Stufendauer:		3 min
Ruhepuls:	51 S/min	Trittfrequenz:		80-100 U/min
Leistungsstufe:	gut trainierter Sportler	Ausbelastung:		min. 177 S/min
Testprotokoll				
Zeit	Belastung	Herzfrequenz 1	Herzfrequenz 2	Herzfrequenz 3
1-3 min	50 Watt	110 S/min	116 S/min	121 S/min
3-6 min	100 Watt	125 S/min	130 S/min	137 S/min
6-9 min	150 Watt	142 S/min	149 S/min	155 S/min
9-12 min	200 Watt	159 S/min	164 S/min	171 S/min
12-15 min	250 Watt	175 S/min	180 S/min	186 S/min
15-18 min	300 Watt	Testabbruch aufgrund muskulärer Erschöpfung!		
Auswertung				
Belastung:		250 Watt		
Testgröße:		250 Watt/ 82Kg = 3,02 Watt/kg Körpergewicht		
Ausbelastung:		186 S/min (min. Ausbelastung wurde erreicht)		

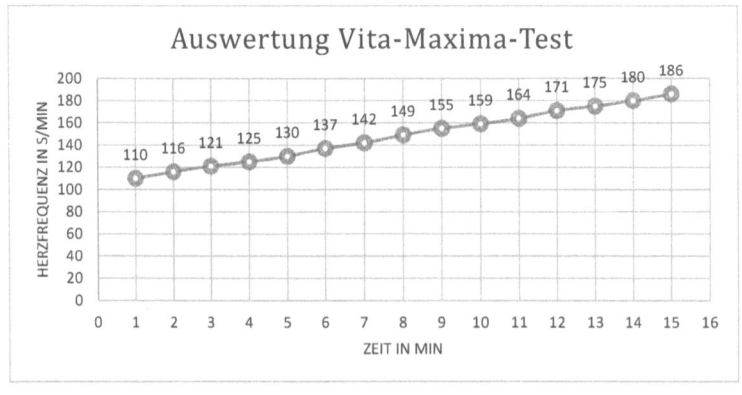

Abbildung 2: Auswertung Vita-Maxima-Test

1.2.3 Bewertung der Testergebnisse

Der Test wurde bis zur fünften Stufe (250 Watt) durchgeführt. Danach musste der Test aufgrund der fehlenden Trittkraft der Person abgebrochen werden, denn er konnte die Trittfrequenz von 80-100 U/min nicht halten. Daraus ergibt sich, auf das eigene Körpergewicht bezogen, eine relative Soll-Watt-Leistung von 3,05 Watt/kg Körpergewicht (250Watt/82kg).

Der Kunde wird als Normalbürger (durchschnittliche Ausdauerleistungsfähigkeit) eingestuft (Kindermann, 1987, S. 244-268).

1.3 Gesundheits- und Leistungsstatus der Person

Hinsichtlich der Belastbarkeit und Trainierbarkeit des Kunden, gibt es keinerlei Einschränkungen was den Gesundheitsstatus betrifft. Alle relevanten biometrischen Werte, außer der BMI (25,30 kg/m²), befinden sich innerhalb der Normwerte (Tab.2) und desweitern befindet sich der Kunde nicht in ärztlicher oder medikamentöser Behandlung. Da der Kunde bei der Leistungstestung (Vita-Maxima-Test) „nur" als Normalbürger eingestuft wurde, obwohl man ihn eher als Freizeit- bzw. Breitensportler ansiedeln würde. Diese Tatsache lässt darauf schließen, dass er noch nicht so fit ist, wie er es wahrscheinlich gerne hätte.

Im Enddefekt kann man jedoch daraus schließen, dass der Kunde voll belastbar ist und es bei der Trainierbarkeit des Kunden keinerlei Einschränkungen gibt.

2 Zielsetzung/Prognose

Jeder Sportler oder Personen die Anfangen Sport zu machen verfolgen Motive/Ziele. Meistens kommen diese Menschen jedoch nicht mit speziellen Zielen ins Fitnessstudio, sondern mit Motiven. Auch mein Kunde kam mit Motiven (siehe Tab.1), die er verändern möchte. Aus diesen Motiven wurden konkrete Trainingsziele, definiert nach Inhalt, Ausmaß und Zeit, abgeleitet und können in der kommenden Tabelle eingesehen werden.

Tabelle 4:Zielsetzung und Begründung der Ziele

	Inhalt	Ausmaß	Zeit
1. Ziel:	Leistungssteigerung der Soll-Watt-Leistung	Von Normalbürger zu Freizeit- bzw. Breitensport-ler. Erhöhung um ≥ 1 Watt/kg Körpergewicht	6 Monate
Begründung:	Der Kunde will seine Ausdauerleistungsfähigkeit verbessern, die anhand des Vita-Maxima-Tests gemessen wurde (Watt/kg Körpergewicht) bei der er in der niedrigsten Stufe (Normalbürger) eingeordnet wurde. Um seine Leistungsfähigkeit zu verbessern wurde als Ziel ausgegeben, seine relative Soll-Watt-Leistung zu steigern um in die nächsthöhere Leistungsstufe zu gelangen (Freizeit- und Breitensportler).		
	Inhalt	Ausmaß	Zeit
2. Ziel:	Gewichtsreduktion	4 Kg	3 Monate
Begründung:	Das Gewicht spielt bei der Leistungsfähigkeit des Vita-Maxima-Tests ebenfalls eine Rolle, denn umso niedriger das Gewicht (bei gleichbleibender oder steigender Wattzahl) umso höher ist die relative Soll-Watt-Leistung. Außerdem entspricht es dem Kunden-wunsch etwas Körpergewicht zu verlieren.		
	Inhalt	Ausmaß	Zeit
3.Ziel:	BMI senken	< 25 kg/m² → min. um 0,4 kg/m²	4 Wochen
Begründung:	Der BMI liegt knapp oberhalb des Normalbereiches (siehe Tab.2) Der Normalbereich für den BMI liegt bei 18,5 – < 25 kg/m² (nach WHO, Stand 2008). Um auch hier in den Normalbereich zu gelangen und gleichzeitig das Ziel der Gewichtsreduktion zu unter-stützen wurde als letztes Ziel die Senkung des BMI gewählt.		

3   Trainingsplanung Mesozyklus

3.1   Grobplanung Mesozyklus

Die untenstehende Tabelle zeigt die Grobplanung des Mesozykluses, der für den Kunden erstellt wurde.

Tabelle 5: Grobplanung des Mesozyklus

Mesozyklus	
Dauer	6 Wochen
Trainingsziel	Entwicklung der Grundlagenausdauer
Belastungsumfang/Woche	3-4 Stunden
Trainingsmethoden	- extensive Dauermethode
	- variable Dauermethode
	- intensive Dauermethode
	- extensive Intervallmethode
Trainingsintensität	- 50-60 % $Hf_{reserve}$ (regenerativ DM)
	- 60-70 % $Hf_{reserve}$ (extensiv DM)
	- 70-80% $Hf_{reserve}$ (intensiv DM)
	- 50-80% $Hf_{reserve}$ (variable DM)
	- 75-85% $Hf_{reserve}$ (extensiv IM)
Trainingshäufigkeit/Woche	3-4x/Woche
Dauer pro TE	- 30-40 min (regenerativ DM)
	- 50-60 min (extensiv DM)
	- 40-50 min (Intensiv DM)
	- 40-50 min (variable DM)
	- 30-45 min (extensive IM)
Trainingsgeräte	- Laufband, Crosstrainer, Ruderergometer, Laufen Outdoor

3.2   Detailplanung Mesozyklus

Um die detaillierte Planung des Mesozyklus in Tab. 6 durchführen zu können, wird mithilfe der Karvonen-Formel die Trainingsherzfrequenz ($Hf_{reserve}$) für die einzelnen Intensitäten berechnet.

Karvonen-Formel: $Thf = (Hf_{max} - Hf_{Ruhe}) * Intensität\ in\ \% + Hf_{Ruhe}$

Thf= Trainingsherzfrequenz

Hf_{max}= maximale Herzfrequenz (220- Lebensalter)

Hf_{Ruhe}= Ruheherzfrequenz

(Hf_{max}-Hf_{Ruhe})= Herzfrequenzreserve

Beispielrechnung:

$$Thf = (197\,S/min - 51\,S/min) * 0,5 + 51\,S/min$$

$$\Rightarrow Thf = 124\,S/min$$

Die verwendeten Trainingsherzfrequenzen wurden anhand dieses Beispiels berechnet.

Tabelle 6 verdeutlicht die Detailplanung des oben beschriebene Mesozyklus.

Hinweise zu Tabelle 6 (Trainingsdauer):

- Variable DM: (extensiver Anteil (min)/ intensiver Anteil (min)
- Extensive IM: (Mittelzeitintervalle/ Runden/ Belastung (min)/ lohnende Pause)

Tabelle 6: Detailplanung Mesozyklus

Woche 1	Mo	Mi	Fr	So
Trainingsziel	Aufbau & Stabilisierung GA 1	Entwicklung & Stabilisierung GA1 & GA2	Entwicklung & Stabilisierung der GA1 & GA2	
Trainingsmethode	extensive DM	Variable DM	Intensive DM	
Trainingsintensität	60-65% $Hf_{reserve}$	50-70% $Hf_{reserve}$ 50-55% (extensiv) 65-70% (intensiv)	70-75% $Hf_{reserve}$	
Trainingsherzfrequenz	139- 146 S/min	124-153 S/min 124-131 S/min (ex.) 146-153 S/min (int.)	153-161 S/min	
Trainingsdauer	50 min	40 min (5:5)	40 min	
Trainingsgerät	Ruderergometer	Laufband	Crosstrainer	
Woche 2	Mo	Mi	Fr	So
Trainingsziel	Aufbau & Stabilisierung GA 1	Entwicklung & Stabilisierung GA1 & GA2	Entwicklung & Stabilisierung der GA1 & GA2	Aufbau & Stabilisierung GA 1
Trainingsmethode	Extensive DM	Variable DM	Intensive DM	Extensive DM
Trainingsintensität	60-65% $Hf_{reserve}$	50-70% $Hf_{reserve}$ 50-55% (extensiv) 65-70% (intensiv)	70-75% $Hf_{reserve}$	60-65% $Hf_{reserve}$
Trainingsherzfrequenz	139-146 S/min	124-153 S/min 124-131 S/min (ex.) 146-153 S/min (int.)	153-161 S/min	139-146 S/min
Trainingsdauer	50 min	40 min (5:5)	40 min	40 min
Trainingsgerät	Ruderergometer	Laufband	Crosstrainer	Laufband

Woche 3	Mo	Mi	Fr	So
Trainingsziel	Aufbau & Stabilisierung GA 1	Entwicklung & Stabilisierung GA1 & GA2	Entwicklung & Stabilisierung der GA1 & GA2	Rekom
Trainingsmethode	Extensive DM	Variable DM	Intensive DM	Extensive DM
Trainingsintensität	60-65% $Hf_{reserve}$	50-70% $Hf_{reserve}$ 50-55% (extensiv) 65-70% (intensiv)	70-75% $Hf_{reserve}$	50-60% $Hf_{reserve}$
Trainingsherzfrequenz	139-146 S/min	124-153 S/min 124-131 S/min (ex.) 146-153 S/min (int.)	153-161 S/min	124-139 S/min
Trainingsdauer	55 min	50 min (5:5)	45 min	30 min
Trainingsgerät	Ruderergometer	Laufband	Crosstrainer	Laufen Outdoor

Woche 4	Mo	Mi	Fr	So
Trainingsziel	Entwicklung & Stabilisierung der GA1 & GA2	Entwicklung & Stabilisierung GA1 & GA2	Aufbau & Stabilisierung GA 1	Entwicklung der GA2
Trainingsmethode	Intensive DM	Variable DM	Extensive DM	Extensive IM
Trainingsintensität	70-75% $Hf_{reserve}$	55-75% $Hf_{reserve}$ 55-60% (extensiv) 70-75% (intensiv)	60-65% $Hf_{reserve}$	75-80% $Hf_{reserve}$
Trainingsherzfrequenz	153-161 S/min	131-161 S/min 131-138 S/min(ex.) 153-161 S/min (int.)	139-146 S/min	161-168 S/min
Trainingsdauer	40 min	50 min (5:5)	60 min	36 min (MZI:9/1/3)
Trainingsgerät	Ruderergometer	Crosstrainer	Laufband	Crosstrainer

Woche 5	Mo	Mi	Fr	So
Trainingsziel	Rekom	Entwicklung der GA2	Entwicklung & Stabilisierung GA1 & GA2	Entwicklung der GA2
Trainingsmethode	Extensive DM	Intensive DM	Variable DM	Extensive IM
Trainingsintensität	50-60% $Hf_{reserve}$	75-80% $Hf_{reserve}$	55-75% $Hf_{reserve}$ 55-60% (extensiv) 70-75% (intensiv)	75-80% $Hf_{reserve}$
Trainingsherzfrequenz	124-139 S/min	161-168 S/min	131-161 S/min 131-130 S/min(ex.) 153-161 S/min (int.)	161-168 S/min
Trainingsdauer	45 min	50 min	50 min (4:6)	40 min (MZI:10/1/3)
Trainingsgerät	Laufen Outdoor	Laufband	Ruderergometer	Laufband

Woche 6	Mo	Mi	Fr	So
Trainingsziel	Rekom	Entwicklung & Stabilisierung GA1 & GA2	Aufbau & Stabilisierung GA1	Entwicklung der GA2
Trainingsmethode	Extensive DM	Variable DM	Extensive DM	Extensive IM
Trainingsintensität	50-60% $Hf_{reserve}$	65-80% $Hf_{reserve}$ 65-70% (extensiv) 75-80% (intensiv)	65-70% $Hf_{reserve}$	80-85% $Hf_{reserve}$
Trainingsherzfrequenz	124-139 S/min	146-168 S/min 146-153 S/min (ex.) 161-168 S/min (int.)	146-153 S/min	168-175 S/min
Trainingsdauer	45 min	50 min (4:6)	60 min	40 min (MZI:10/1/3)
Trainingsgerät	Laufen Outdoor	Laufband	Ruderergeometer	Laufband

3.3 Begründung zum Mesozyklus

3.3.1 Begründung zum angestrebten wöchentlichen Belastungsumfang

Die folgende Tabelle zeigt den wöchentlichen Belastungsumfang.

Tabelle 7: Wöchentlicher Belastungsumfang

Woche	1	2	3	4	5	6
Einheiten/Woche	3	4	4	4	4	4
Zeit	130 min	170 min	180 min	186 min	185 min	195 min

Die Wochenumfänge des Mesozyklus richtet sich zuerst einmal an den zeitlichen verfügungsrahmen unseres Kunden. Der Kunde hat im Eingangsgespräch (siehe Tab.1) angegeben, dass er einen zeitlichen Verfügungsrahmen von 3-4x/Woche für max. 45-60 Minuten/Einheit (max. 180- 240min/Woche). An diesen zeitlichen Verfügungsrahmen wurde sich wie in Tab. 8 ersichtlich gehalten. Desweitern orientiert sich der wöchentliche Belastungsumfang am Gesundheitsoptimalprogramm (Zintl & Eisenhut, 2001, S. 137). Dass eine wöchentliche Belastung von 180-240 min/Woche vorgibt bei einer Belastungsdauer von 30-60 min/Einheit. Ein Ziel des Kunden ist es, eine Gewichtsreduktion des Körpergewichtes herbeizuführen. Um den Stoffwechsel zu aktivieren ist ein Belastungsumfang von 3 Stunden pro Woche angebracht (Zintl & Eisenhut, 2009, S. 142). Dieser Belastungsumfang wurde wie in Tab. 8 zu sehen ist, ab Woche 3 kontinuierlich eingehalten.

3.3.2 Begründung zu den ausgewählten Trainingsmethoden

3.3.2.1 extensive Dauermethode

Die extensive Dauermethode wurde gewählt um die Grundlagenausdauer 1 zu verbessern. Auf der Basis der Grundlagenausdauer 1 wird die Grundlagenausdauer 2 aufgebaut. Aufgrund der geringen Belastungsintensitäten und hohen Umfänge, wird im Blut wenig bis kaum Laktat gebildet. Ein weiterer positiver Aspekt ist die Erhaltung des niedrigen Ruhepulses (51S/min). Desweitern werden bei dieser Methode mit zunehmender Dauer der Fettstoffwechsel als Energielieferant in Anspruch genommen, was das Ziel der Gewichtsreduktion begünstigt (Zintl & Eisenhut, 2009, S. 119).

3.3.2.2 intensive Dauermethode

Aufgrund der Anpassung, dass eine Anhebung der „anaeroben Schwelle" (Laktatproduktion und -elimination halten sich in der Waage), wird diese Methode häufig in Spielsportarten eingesetzt (Weineck, 2010, S. 272). Aus diesem Grund findet diese Methode im Mesozyklus ihren Platz, da durch Anhebung der „anaeroben Schwelle" höhere Intensitäten über einen längeren Zeitraum möglich sind, da es durch die Anhebung nichtmehr so schnell zu einer Überschreitung dieser Schwelle kommen kann und somit zum Leistungsabfall bzw. Belastungsabbruch. Dieses Szenario möchte man beim Fußball natürlich vermeiden. Außerdem spielt intensives Training auch im mentalen Bereich eine wichtige Rolle. Laut Weineck (2010, S. 274) führt intensives Training auch zu einer mentalen Gewöhnung harte/intensive Belastungen auszuhalten. Dadurch wird der Wille dem Gegner auch in der 88. min. (trotz physischer und psychischer Erschöpfung) noch hinterherzulaufen gestärkt, was unserem Kunden sicherlich zugutekommt.

3.3.2.3 variable Dauermethode

Es ist eine Methode, in der sich extensive und intensive Intervalle in wiederkehrenden abschnitten abwechseln. Diese Methode wurde bewusst integriert, um die Intensität eines Fußballspiels nachzukommen, obwohl er in seinem 6-monatigen Auslandssemester kein Fußball spielen kann. Die variable Dauermethode ähnelt einem Fußballspiel, da sich niedrige und hohe Intensitäten abwechseln. Die variierenden Intensitäten und die nicht vorhersehbaren Aktionen in einem Fußballspiel können durch diese Methode zwar nicht exakt nachgestellt werden, aber immerhin die Art zwischen extensiven und intensiven Intervallen.

Die Anpassung der variablen Dauermethoden können der extensiven bzw. intensiven Dauermethoden entnommen werden, treten dafür aber nicht so ausgeprägt aus (Zintl & Eisenhut, 2009, S. 119).

3.3.2.4 extensive Intervallmethode

Laut Zintl & Eisenhut (2009, S.119) befindet sich diese Methode nicht im Gesundheitsoptimalprogramm. Aufgrund des guten Leistungszustandes und der Tatsache, dass der Kunde seit zehn Jahren Fußball spielt und 2-3x/ Woche Joggen geht, muss diese Methode Einzug in den Trainingsplan erhalten um sich sportartenspezifisch (Fußball) zu verbessern. Durch die extensive Intervallmethode, wird u.a. die Aktivierung der Laktatproduktion und -elimination verbessert (Zintl & Eisenhut, 2009, S. 119).

13

Durch diese Anpassung macht der Muskel bei hohen Intensitäten nicht so schnell zu (siehe Vita-Maxima-Test Tab.4, Ermüdung durch muskuläres Versagen). Was dem Kunden beim Fußballspielen als auch beim Re-Test des Vita-Maxima-Tests Vorteile einbringt.

3.3.3 Begründung zur Belastungsprogression

Die wichtigste Regel der Belastungsprogression ist: Trainingshäufigkeit vor Umfang vor Intensität (Zintl & Eisenhut, 2009, S. 18). Wie in Tab.7 zu sehen ist, wird diese Regel eingehalten. Zuerst erhöht sich die wöchentliche Trainingshäufigkeit, danach der Umfang und zum Schluss die Intensität. Ab Woche 4 schwankt der Umfang etwas (fällt etwas ab in Woche 5 und steigt dann wieder an in Woche 6) was aber an den eingeplanten Rekom Einheiten liegt. Die Einplanung von Rekom Einheiten hat im höheren Leistungsbereich, in Bezug auf mehrere Trainingseinheiten/Woche einen hohen Stellenwert. Das optimale Verhältnis zwischen Belastung und Entlastung liegt bei 2:1 bzw. 3:1 (Zintl & Eisenhut, 2009, S. 20). In unserem Trainingsplan findet sich das Verhältnis 3:1 wieder. In Woche 1-3 ist die Belastungsintensität noch relativ gering, weshalb wir dort nur zum Ende von Woche 3 eine Rekom Einheit eingebaut haben. Ab Woche 4, in der die extensive Intervallmethode eingeführt wurde, finden wir jede Woche eine Rekom Einheit. Wo wir dann auf das optimale Verhältnis von 3:1 kommen. Außerdem wird das Prinzip der variierenden Belastung durch die verschiedenen Trainingsmethoden angewandt. Dadurch können immer wieder neue Anpassungserscheinungen hervortreten (Weineck, 2010, S. 50)

3.3.4 Begründung zu den angesteuerten Trainingsbereichen

Im Ausdauersport unterscheidet man zwischen 4 verschiedenen Trainingsbereichen (Neumann, Pfützner, & Berbalk, 2007, S. 140). Die Trainingsbereiche Grundlagenausdauerbereich 1, Grundlagenausdauerbereich 2 sowie Rekom sind im Mesozyklus enthalten. Der 4 Trainingsbereich spielt für das gesundheits- und fitnessorientierte Training keine Rolle. Jeder Trainingsbereich unterscheidet sich durch unterschiedliche Belastungsintensitäten (Zintl & Eisenhut, 2001, S. 111). Die verschiedenen Trainingsbereiche haben unterschiedliche Ziele weshalb alle drei Trainingsbereiche im Trainingsplan des Kunden vorhanden sind. Der Grundlagenausdauerbereich 1 ist zum Aufbau und Stabilisierung der Grundlagenausdauer sowie der Erhöhung der aeroben Leistungsfähigkeit gedacht, was mit er extensive oder variablen Dauermethode erreicht werden kann (Neumann, Pfützner, & Berbalk, 2007, S. 141).

Mit dem Grundlagenausdauerbereich 2 ist eine (Weiter)Entwicklung der Grundlagen-ausdauer und die Erhöhung der aerob-anaeroben Leistungsfähigkeit. Dies kann mithilfe der variablen und intensiven Dauermethode, als auch mit der extensiven Intervallme-thode (Neumann, Pfützner, & Berbalk, 2007, S. 141).

Das Rekomtraining fördert die Regeneration und erhöht die Belastbarkeit für nachfol-gende intensive Trainingseinheiten (Neumann, Pfützner, & Berbalk, 2007, S. 141).

3.3.5 Begründung der ausgewählten Ausdauergeräte bzw. Bewegungsformen

Aufgrund seiner sportlichen Tätigkeit (Fußball) und seiner früheren sportlichen Tätig-keit (Rudern), werden die meisten Einheiten auf dem Laufband, Outdoor oder auf dem Ruderergometer stattfinden. Um eine Monotonie zu verhindern wird der Crosstrainer mit eingebaut, da es dem Laufen mehr ähnelt als z.b. das Fahrrad und der Oberkörper auch mit in Bewegung ist. Mit dem Ruderergometer bzw. die Technik dürfte für unse-ren Kunden kein Problem sein, da dieser bis vor 3 Jahren in einem Ruderverein gewe-sen ist (siehe Tab. 1). Das Laufen bildet die meisten Einheiten im Trainingsplan, da beim Laufen mehr als 1/6 der Skelettmuskulatur trainiert und kontinuierlich bean-sprucht. Außerdem ist es die ideale Bewegungsform (Zintl & Eisenhut, 2009, S. 143). Durch das Fußballtraining und joggen, beherrscht die Person die Bewegungstechnik und besitzt die hohen koordinativen Anforderungen.

4 Literaturrecherche

Die folgende Tabelle zeigt eine Literaturrecherche zu dem Thema: „Effekte von Ausdauertraining bei arterieller Hypertonie".

Es ist zu beachten, dass sich bei Studien beim Versuchsaufbau, Ergebnisse sowie Schlussfolgerungen nur auf die Ausdauergruppen bzw. Kontrollgruppen beschränkt wurde.

Tabelle 8: Literaturrecherche zum Thema: Effekte von Ausdauertraining bei arterieller Hypertonie

Studie 1	Studie 2
Titel der Studie	
„Auswirkungen von Ausdauer- vs. Krafttraining vs. der Kombination Ausdauer-/Krafttraining auf die systemische Hämodynamik, Gefäßelastizität sowie Herzfrequenzvariabilität bei Patienten mit arterieller Hypertonie"	„Kardiovaskuläre Effekte eines aeroben versus eines isometrischen Training bei arterieller Hypertonie"
Wer hat die Studie durchgeführt und wann wurde sie publiziert?	
(Bickenbach, 2011)	(Stergios, 2015)
Mit welchen Versuchspersonen wurde die Studie durchgeführt?	
– 55 Probanden (42 Männer & 13 Frauen), die Anzeichen einer arteriellen Hypertonie (Grad 1) haben (Bickenbach, 2011, S. 22). – Ausschlusskriterien der Studie waren Personen mit, antihypertensiver medikamentöser Einstellung in den vergangenen zwölf Wochen vor Beginn der Studie, regelmäßiger sportlicher Aktivität in den letzten 3 Monaten, mittelschwerer bis schwerer Hypertonie, bekannter sekundärer Hypertonie, KHK, Herzinsuffizienz, Herzvitien, höhergradigen Erregungsbildungs- und/oder Erregungsleitungsstörungen am Herzen, einem Herzinfarkt innerhalb der letzten 3 Monate (Bickenbach, 2011, S. 22-23).	– 70 Probanden (29 Männer & 41 Frauen), die aufgrund arterieller Hypertonie medikamentös behandelt werden, oder einen Blutdruck ≥ 140/90 mmHg ohne medikamentöse Therapie vorzuweisen haben (Stergios, 2015, S. 31, 41). – Ausschlusskriterien der Studie waren Personen mit, regelmäßiger sportliche Aktivität, einer peripheren Verschlusskrankheit (> Stadium 1), einem Aorten Vitium (> 1.Grades), einer hochgradigen Herzinsuffizienz, unkontrollierten Herzrhythmusstörungen sowie einem systolischen Ruheblutdruck ≥ 180mmHg und/oder diastolisch ≥ 110mmHg. Außerdem durften die Personen an keinen anderen klinischen Studien teilnehmen (Stergios, 2015, S. 32-33)
Wie sah der Versuchsaufbau der Studien aus?	
– Vor dem Start der Studie, sowie am Ende unterzogen sich die Teilnehmer einer kompletten ärztlichen Untersuchung am Institut für Kreislaufforschung und Sportmedizin der Deutschen Sporthochschule. Es wurde eine Leistungsdiagnostik erstellt, sowie auch die Bestimmung von Laborparametern und hämodynamischen Variable (Bickenbach, 2011, S. 23) u.a. wurde eine 24-Stunden-Blutdruckmessung durchgeführt (Bickenbach, 2011, S. 27). Diese Messung wurde nochmals untergliedert in ein Tagesintervall (6.00-22.00 Uhr) und Nachtintervall (22.00-6.00 Uhr) (Bickenbach, 2011, S. 50-51).	– Vor Beginn, sowie am Ende der Studie wurde bei allen Patienten eine 24-Stunden-Blutdruckmessung (welche als Langzeitmessung, Tagesintervall sowie Nachtintervall angesehen werden), eine Pulswellenanalyse durchgeführt, sowie der zentrale Aortendruck gemessen (Stergios, 2015, S. 33). Die Blutdruckmessung wurde einmal als Langzeitmessung, als Tagesintervall und als Nachtintervall betrachtet (Stergios, 2015, S. 41-42).

- Die Personen wurden nach ihrem Eingangstest zufällig in 4 Gruppen eingeteilt (per Zufallsprinzip):
  1. Ausdauertrainingsgruppe (ATG)
     (13 Personen, 4 Frauen & 9 Männer)
  2. Krafttrainingsgruppe (KTG)
     (14 Personen, 3 Frauen & 11 Männer)
  3. Ausdauer- und Krafttrainingsgruppe (AKTG)
     (15 Personen, 3 Frauen & 12 Männer)
  4. Kontrollgruppe (KG)
     (13 Personen, 3 Frauen & 10 Männer)
- Die ATG trainierte 12 Wochen, je 3x/Woche. Nach dem 5-minütigen Warm-up auf dem Fahrradergometer bei 40% ihrer Hf-Reserve, absolvierte die Gruppe ihr Trainingsprogramm, wobei die Intensität 50% Hf-Reserve betrug und alle 2 Wochen um 5% gesteigert wurde (am Ende 75%). Die Personen trainierten auf dem Fahrradergometer (zu Beginn 20 min, alle 4 Wochen 5 Minuten mehr Die Probanden sollten während der 12 Wochen ihre Ess- Rauch- und Trinkgewohnheiten nicht ändern (Bickenbach, 2011, S. 24-26).
- Um die individuellen Tageschwankungen zu vermeiden wurde der Vorher- und Nachher Test zur gleichen Zeit und in der selben Reihenfolge durchgeführt (Bickenbach, 2011, S. 23).

- Die Personen wurden in 3 Gruppen eingeteilt (Einteilung erfolgte per Zufallsprinzip), Gruppe 1 (isometrisches Faustschlusstraining) bestand aus 25 Personen, Gruppe 2 (Faustschlussgerät Placebo) aus 23 Personen und Gruppe 3 (aerobes Training) aus 22 Personen (11 Männer & 11 Frauen) (Stergios, 2015, S. 32-33, 41).
- Gruppe 3 (aerobes Ausdauertraining): 12 Wochen, 5x/ Woche, 30-45 min aerobes Training ihrer Wahl (Walken, Joggen, Radfahren, Schwimmen) (Stergios, 2015, S. 32).
- Die medikamentöse Therapie blieb bei allen Probanden während des 12-wöchigen Studienzeitraumes unverändert (Stergios, 2015, S. 32)

Ergebnisse

- Bei der ATG fiel der systolisch Blutdruck nach den 12 Woche bei der 24-Stunden-Blutdruckmessung von 140,30 ± 7,02 mmHg auf 137,00 ± 8,80 mmHg, und der diastolische Blutdruck von 86,20 ± 6,80 mmHg auf 83,10 ± 7,70 mmHg. Die Kontrollgruppe zeigte einen leichten, aber nicht signifikanten Anstieg des systolischen Blutdrucks von 136,20 ± 6,70 mmHg auf 137,3 ± 4,30 mmHg und eine Reduzierung des diastolischen Blutdrucks von 87,00 ± 7,10 mmHg auf 86,20 ± 6,20 mmHg (Bickenbach, 2011, S. 49-50).
- Betrachtet man das Tagesintervall, sieht man, dass der systolische Blutdruck der ATG von 133,8 ± 10,8 mmHg auf 126,6 ± 11,2 mmHg und der diastolische von 89,30 ± 7,50 mmHg auf 85,30 ± 8,30 mmHg gesenkt werden konnte. Bei der Kontrollgruppe stieg der systolische Wert von 140,80 ± 6,60 mmHg auf 141,40 ± 4,70 mmHg an und der diastolische Wert sank leicht von 90,30 ±7,20 mmHg auf 89,10 ± 5,50 mmHg (Bickenbach, 2011, S. 51).

- Gruppe 3 (aerobes Ausdauertraining) konnte bei der 24-Stunden Blutdruckmessung den systolischen Blutdruck 129.1±10.4 mmHg auf 122.7±11.7 mmHg und den diastolischen Blutdruck von 79.5±8.9 mmHg auf 76.7±10.9 mmHg senken. Im Tagesintervall zeigte sich der blutdrucksenkende Effekt des aeroben Trainings noch deutlicher, hier konnte der systolische Blutdruck von 133.8±10.8 mmHg auf 126.6±11.2 mmHg und der diastolische Blutdruck von 83.4±9.2 mmHg auf 79.7±11.6 mmHg gesenkt werden. Im Nachtintervall konnte lediglich eine Senkung des systolischen Blutdrucks von 120.8±11.6 mmHg auf 114.7±13.7 mmHg festgestellt werden (Stergios, 2015, S. 41). Vier Probanden der Gruppe 3 beendeten die Studie vor Abschluss. Dies wurde in der Auswertung beachtet (Stergios, 2015, S. 40).

- Analysiert man das Nachtintervall, stellt man fest, dass es in der ATG Gruppe keine Veränderungen des systolischen Blutdruckes sowie nur eine minimale und nicht relevante Senkung des diastolischen Wertes von 75,50 ± 6,20 auf 75,30 ± 6,30 mmHg. In der KG stieg der systolische Wert von 121,80 ± 9,40 mmHg auf 124,40 ± 6,00 mmHg an, wohingegen der diastolische Wert unwesentlich von 75,60 ± 8,90 mmHg auf 74,90 ± 7,40 mmHg sank.	

Schlussfolgerungen	
- Laut der Studie, kann der systolische und diastolische Blutdruck mithilfe von Ausdauertraining deutlich gesenkt werden (Bickenbach, 2011, S. 49-52). Dies alles kann nur durch Ausdauertraining erreicht werden, ohne die Lebensgewohnheiten der Probanden zu verändern (Bickenbach, 2011, S. 24). - Ausdauertraining hat sich als Therapie bei arterieller Hypertonie etabliert (Bickenbach, 2011, S. 53)	- Die Studie zeigt, dass aerobes Training wesentlichen Einfluss auf den Blutdruck hat. Besonders bei der 24-Stunden-Blutdruckmessung konnten sowohl im systolischen als auch im diastolischen Blutdruck eine maßgebliche Veränderung festgestellt werden (Stergios, 2015, S. 42-44). - Durch aerobe körperliche Aktivität, wird der Blutdruck positiv beeinflusst (Stergios, 2015, S. 49).

5 Literaturverzeichnis

Bickenbach, A.-L. (2011). *Auswirkungen von Ausdauer- vs. Krafttraining vs. der Kombination Ausdauer-/Krafttraining auf die systemische Hämodynamik, Gefäßelastizität sowie Herzfrequenzvariabilität bei Patienten mit arterieller Hypertonie.* Dissertation, Deutsche Sporthochschule Köln, Köln.

Gallagher, D., Heymsfield, S. B., Heo, M., Jebb, S. A., Murgatroyd, P. R., & Sakamoto, Y. (2000). Healthy percentage body fat ranges: an approach for developing guidelines based on body mass index. *American Journal of Clinical Nutrition, 72*(3).

Kindermann, W. (1987). Ergometrie-Empfehlungen für die ärztliche Praxis. *Deutsche Zeitschrift für Sportmedizin, 38,* S. 244-268.

Löllgen, H. (2009). Definition und Methoden.*In H. Löllgen, E. Erdmann & A. K. Gitt (2009).Ergometrie.* Heidelberg: Springer.

Neumann, G., Pfützner, A., & Berbalk, A. (2007). *Optimiertes Ausdauertraining* (5. Überarb. Aufl. Ausg.). Aachen: Meyer & Meyer.

Stergios, V. (2015). *Kardiovaskuläre Effekte eines aeroben versus eines isometrischen Trainings bei arterieller Hypertonie.* Dissertation, Medizinische Fakultät Charité-Universitätsmedizin Berlin , Berlin.

Weineck, J. (2003). *Ausdauertraining. Trainingssteuerung über die Herzfrequenz- und Milchsäurebestimmung.* Balingen: Spitta.

Weineck, J. (2010). *Optimales Training. Leistungsphysiologische Trainingslehre unter besonderer Berücksichtigung des Kinder- und Jugendtrainings.* (16. durchgesehene Ausg.). Balingen: Spitta Verlag GmbH & Co. KG.

Zintl, F., & Eisenhut, A. (2001). *Ausdauertraining. Grundlagen - Methoden - Trainingssteuerung* (5.Auflage Ausg.). München: BLV Sportwissen.

Zintl, F., & Eisenhut, A. (2009). *Ausdauertraining: Grundlagen- Methoden- Trainingssteuerung* (7 Überarbeitete Auflage Ausg.). München: BLV Sportwissen.

6   Abbildungs- und Tabellenverzeichnis

6.1   Abbildungsverzeichnis

Abbildung 1: Einteilung der Blutdruckwerte laut WHO (eigene Darstellung)..4
Abbildung 2: Auswertung Vita-Maxima-Test...6

6.2 Tabellenverzeichnis

Tabelle 1: Allgemeine Daten der Testperson 3
Tabelle 2: Biometrische Daten 4
Tabelle 3: Vita-Maxima-Test 6
Tabelle 4:Zielsetzung und Begründung der Ziele...8
Tabelle 5: Grobplanung des Mesozyklus 9
Tabelle 6: Detailplanung Mesozyklus 10
Tabelle 7: Wöchentlicher Belastungsumfang..12
Tabelle 8: Literaturrecherche zum Thema: Effekte von Ausdauertraining bei arterieller Hypertonie 16